hommage à Monsieur Magni
homme de lettres de la part
de Son dévoué Serviteur
Lafon

DISCOURS

prononcé

SUR LA TOMBE DE TALMA.

Juin 27
1936

DISCOURS

PRONONCÉ

SUR LA TOMBE

DE TALMA,

LE 21 OCTOBRE 1826,

PAR M. LAFON,

SOCIÉTAIRE DU THÉATRE-FRANÇAIS,

et dont l'impression a été votée en assemblée générale.

PARIS,

Vᵉ. BALLARD, IMPRIMEUR DU ROI,
RUE J.-J. ROUSSEAU, Nᵒ. 8.

1826.

DISCOURS

Prononcé sur la Tombe

DE TALMA.

« Messieurs,

« A la vue de cette multitude immense réunie dans le champ du repos et du deuil, à cette douleur silencieuse et profonde qui se lit sur tous les visages, à ces innombrables regards tristement concentrés autour d'un cercueil et fixés sur la fosse où il va bientôt s'engloutir, un étranger que le hasard amènerait subitement parmi nous demanderait quelle est la victime illustre que la mort vient de s'immoler, et nous lui aurions tout appris en prononçant un mot : c'est Talma.

» Ce nom, Messieurs, ce nom consacré pour jamais à l'admiration des amis des arts devrait terminer l'éloge de notre immortel camarade.

» Que peuvent ajouter les discours à la gloire dont il est couvert? Mais il est des devoirs pieux imposés à l'amitié, à la reconnaissance, à la confraternité : l'hommage rendu à la cendre des morts célèbres est l'acquit d'une dette sacrée , un motif d'émulation pour ceux qui leur survivent, un soulagement à leurs douleurs. Qu'à tous ces titres il soit permis à celui qui s'honore d'avoir été l'ami, le collègue et, sous tant de rapports , le disciple respectueux de Talma, d'élever sa faible voix pour honorer sa mémoire , et de rappeler à vos souvenirs quelques traits de ce talent sublime , modèle à la fois et désespoir de ceux qui se sont dévoués à la même carrière.

» La France vit naître Talma. Les premières années de sa vie écoulées à Londres dans le sein de sa famille, qui y était établie , ont accrédité l'erreur que l'Angleterre fut sa patrie. Non, Messieurs , la ville qui vit naître Lekain, donna aussi la naissance à Talma ; la cendre de Talma va reposer auprès de son berceau.

» Les amis de l'art dramatique n'ont rien à envier à l'Angleterre ; elle se glorifie de Garrick , et la France prononcera toujours avec orgueil les noms illustres de Lekain et Talma.

» Comme Lekain, il fut aussi destiné pendant quelque temps à exercer la modeste profession de son père; comme Lekain, un génie irrésistible l'arracha à l'atelier paternel. Il avait revu la France: bien jeune encore, il avait assisté à la représentation de quelques-uns de ces chefs-d'œuvre dont une éducation soignée lui permettait d'apprécier les beautés; sa vocation se décida : sa place était marquée au Théâtre-Français. Il revit son père, repassa en France, et après des études préparatoires, il obtint la faveur, plus difficilement accordée à cette époque que de nos jours, de débuter à la Comédie-Française.

« Il y parut pour la première fois, il y a trente-neuf ans, par le rôle de *Séide* dans *Mahomet*.

» Son essai fut heureux et donna des espérances qui ne tardèrent pas à être surpassées. Ducis devina et prédit les destinées du jeune élève de Melpomène. Si, comme on n'en peut douter, les encouragemens d'un poète célèbre furent un service immense, *Macbeth*, *Othello*, *Hamlet*, *Pharan*, sont là pour attester que ce service n'était pas tombé dans une terre ingrate.

» Ce que l'on avait remarqué d'abord dans Talma, c'était l'élégante régularité de la taille et des traits, un organe ferme et vigoureux, un œil ardent et expressif, une grande mobilité de physionomie.

» Mais, pour développer avantageusement ces heureuses qualités, il lui fallait une occasion marquante, un rôle extraordinaire; cette occasion se présenta, ce rôle lui fut donné : c'est en effet de la tragédie de *Charles IX* que date cette réputation qui devait s'accroître de jour en jour : on n'a pas encore oublié la sensation terrible que Talma produisit dans la scène des fureurs et du désespoir de Charles; dès-lors se trouva vérifiée la prédiction de Ducis : *Il y a bien de la fatalité sur ce front-là.*

» Par suite d'événemens, qu'il est inutile de rappeler, Talma passa sur un autre théâtre.

« Maître absolu et chef du premier emploi de la tragédie, Talma put en liberté donner l'essor à son génie, et perfectionner un talent encouragé par la faveur publique, et varié sans cessé dans des rôles nouveaux.

» Ce fut alors aussi que, pour ajouter à l'illusion déjà produite par l'énergie de son débit et par le jeu de sa physionomie, il s'appliqua à porter dans les costumes la vérité d'imitation qu'il avait introduite dans les autres parties de son art.

» Ni soins, ni recherches, ni dépenses ne lui coûtèrent pour arriver en ce genre au dernier degré d'exactitude.

» Lié de bonne heure avec les grands artistes de la capitale, il demanda leurs conseils, étudia leurs tableaux, fouilla dans leurs portefeuilles; on le vit aussitôt dans les bibliothèques interroger les monumens de différens âges et reporter ensuite sur la scène le résultat de ses études laborieuses. Les amateurs, les propriétaires de riches collections se faisaient un plaisir de lui ouvrir leurs cabinets, de dérouler à ses yeux les trésors qu'ils étaient fiers de posséder exclusivement, et s'applaudissaient ensuite de les voir reproduits au théâtre dans une copie animée, en quelque sorte, par une seconde création.

» Donner l'exemple de la fidélité des costumes, c'était en faire une loi générale. Tout fut réglé à la Comédie-Française sur le modèle de Talma.

» C'est grace à une innovation qui est son ouvrage que la scène est devenue une immense galerie où sont étalés successivement, avec toute la sévérité d'une imitation savante, les habitudes extérieures des peuples et des personnages de trente siècles.

» N'attendez pas, Messieurs, que je passe en revue cette série innombrable de rôles que Talma a marqués du cachet ineffaçable de son génie particulier. Que vous dirai-je qui ne soit présent à vos pensées, et qui n'excite en vous de bien brillans, mais aujourd'hui de bien pénibles souvenirs?

» Il faudrait citer tous les ouvrages de Corneille, de Racine, de Crébillon, de Voltaire, de Ducis, de Chénier, de Legouvé, de tous leurs successeurs aujourd'hui vivans, et que j'aperçois en ce moment groupés autour de cette tombe fatale, mêlant leurs larmes avec les nôtres, et gémissant comme nous sur la perte de leur plus digne interprète. Et où trouverais-je des expressions pour vous rendre sensibles les nuances à la fois délicates et profondes par lesquelles il savait si bien distinguer le fatalisme d'*OEdipe* de celui d'*Oreste*; l'amour adultère de *Néron* de la passion incestueuse de *Pharan*; la faiblesse poussée au crime dans *Macbeth* d'avec le crime poussant la faiblesse de sa complice à l'assassinat d'un époux et d'un roi dans *Agamemnon?* Qui peut avoir oublié le ton noble, touchant et presque familier avec lequel il jouait *Germanicus*, et, par un contraste si remarquable, l'âpreté sévère et stoïque de ses accens dans *Régulus*.

» Mais dans la foule de tous ces rôles, dont chacun est un titre de gloire pour TALMA, puis-je passer sous silence ces trois grands rôles de *Joad*, de *Sylla*, de *Charles VI*, qui, dans des genres si opposés, ont montré tout ce que peuvent inspirer à un acteur tragique de grand, de terrible, de pathétique, la religion, l'exercice de la puissance suprême et une infortune royale comblée par la perte du plus beau présent du ciel, la raison et l'intelligence?

» Tels furent, vous le savez, Messieurs, les derniers trophées que TALMA éleva à la renommée dans sa carrière théâtrale; et c'est sous ces trophées qu'il a été en quelque sorte s'ensevelir.

» Hélas! cette carrière si longue, et qui aurait absorbé les forces ordinaires de tout autre acteur, combien elle a paru abrégée pour notre instruction et pour nos plaisirs!

» Parvenu à un âge qui nous donne le signal de la retraite, son talent semblait rajeunir à mesure que les années s'accumulaient sur sa tête; et ce qui s'appelle ordinairement la vieillesse n'était encore pour lui que l'époque d'une maturité vigoureuse.

» Disons-le, même avec l'accent de cette vérité à laquelle le tombeau ouvre un asile inviolable, ce talent s'était agrandi en se rapprochant du terme où il allait être moissonné. Des défauts, que lui-même se reprochait plus rigoureusement que la plus sévère critique ne les lui aurait jamais reprochés, avaient cédé à l'opiniâtreté du travail et aux leçons de sa propre expérience. Sa sensibilité s'était accrue de tout ce qui a coutume de l'émousser et de l'éteindre. Sa déclamation, sans rien perdre de son énergie, avait gagné en variété, en inflexions tendres et touchantes. L'art était d'autant plus admirable qu'il le cachait sous une noble et naturelle simplicité; il suffit de se le rappeler dans *Germanicus*, *Leicester*, *Régulus*, et, pour ne point taire ses succès dans la comédie, les rôles de *Danville*, de *Shakespeare* viennent appuyer mes éloges.

» Ceux qui ont assez vécu pour avoir vu les premières et les dernières années de TALMA me comprendront facilement. Deux acteurs ont existé dans ce grand tragédien, tous deux ont été étonnans; le second put seul être plus étonnant que le premier.

» Tu le sais, ombre chérie, je ne te parle point ici le langage d'une adulation forcée :

je répète sur ta cendre l'expression des hommages que tu te plaisais, vivant, à recueillir de la bouche de ton camarade, de ton admirateur, de ton ami.

» Vingt-six ans passés, j'ai partagé avec toi, je ne dirai point ta gloire, mais les épreuves journalières d'un travail que ce partage même rendait si périlleux : et toi enfin tu encourageas souvent mes essais ; tu me soutins par ton amitié contre le danger d'une concurrence que nul ne redoutait autant que moi ; j'ai vu plus d'une fois ta généreuse indulgence soutenir ma faiblesse, me départir libéralement les occasions de te seconder, de te suivre, quoique de loin, dans ta carrière glorieuse. Ah ! laisse-moi déposer en ce moment sur ton cercueil quelques feuilles de ces lauriers dont tu as fait de si longues, de si riches, de si continuelles moissons.

» C'est la modeste offrande de la reconnaissance et d'une admiration sans borne. Ombre vénérée et chérie, si tu es encore sensible aux choses d'ici bas, si, comme il nous est

permis de l'espérer, comme je le crois ferme-
ment et l'espère avec bonheur, semblable à
cet *Achille* dont je tentai plus d'une fois de
ressusciter la grande âme, tu n'es pas des-
cendu tout entier au tombeau, reçois cet
adieu douloureux et solennel, il part d'une
voix qui te fut connue.

» Adieu, Talma, repose en paix dans ces
demeures solitaires où l'on croira voir planer
ton génie.

» Adieu, homme bon dans la vie privée,
homme admirable dans ta vie d'artiste.

» N'entends-tu pas tressaillir à ton arrivée
les ombres de ces auteurs célèbres par leur propre gloire, plus célèbres encore par l'appui de
la tienne? Ces ombres s'empressent au devant
de toi; ne les vois-tu pas détacher de leurs
fronts les branches des palmes immortelles
qui les couronnent pour en décorer le tien?

» Et nous, mes chers camarades, le lieu
de la sépulture de Talma sera pour nous le
sanctuaire auquel nous viendrons demander
des oracles et implorer des inspirations.

» Sa mémoire ne périra jamais dans tous les pays du globe où est allumé le feu sacré des arts. Ah! tant qu'il existera un seul d'entre nous qui aura eu l'honneur d'être associé à la gloire dont il couvre la scène française, ce sera un devoir, ce sera un besoin pour lui de visiter ces lieux funèbres et de venir y puiser des émanations qui échauffent, qui fassent naître les talens ; d'y porter un hommage sans cesse renaissant à l'excellent homme qui fut notre ami, et qui sera à jamais notre modèle.

« Adieu TALMA !!! »

9 782019 925741